BEI GRIN MACHT SICH IHR WISSEN BEZAHLT

Bibliografische Information der Deutschen Nationalbibliothek:

Die Deutsche Bibliothek verzeichnet diese Publikation in der Deutschen National-
bibliografie; detaillierte bibliografische Daten sind im Internet über http://dnb.d-
nb.de/ abrufbar.

Impressum:

Copyright © 2019 GRIN Verlag
Druck und Bindung: Books on Demand GmbH, Norderstedt Germany
ISBN: 9783346065384

Dieses Buch bei GRIN:

https://www.grin.com/document/505917

Isabel-Nicole Werk

Qualitative Forschung in der Wirtschaftspsychologie. Interviewleitfaden und qualitative Inhaltsanalyse

GRIN Verlag

Einsendeaufgabe

I Studiengang: Wirtschaftspsychologie, B. Sc.

von

Isabel-Nicole Werk

Studiengang: Wirtschaftspsychologie, B. Sc.

Inhaltsverzeichnis

Abkürzungsverzeichnis

bspw.	beispielsweise
ebd.	ebenda
et al.	und andere
u. a.	unter anderem
Vgl.	Vergleiche
z. B.	zum Beispiel

Abbildungsverzeichnis

1. Der qualitative Interviewleitfaden

Der erste Teil dieser Einsendeaufgabe thematisiert die Operationalisierung des im Mittelpunkt stehenden Konstrukts der Unternehmensreputation zum Zwecke der Erstellung eines vollständigen qualitativen Interviewleitfadens. Anschließend wird dieser Leitfaden bei dem Interview mit ausgewählten Personen der drei wichtigsten Stakeholder des hier durch die Autorin gewählten Unternehmens eingesetzt, bei dem diese zum Thema Unternehmensreputation befragt werden. Das gewählte Unternehmen ist die ba tax GmbH, eine mittelständische Wirtschaftsprüfungs- und Steuerberatungsgesellschaft, welche deutschlandweit von 14 Partnern geführt wird und 140 Mitarbeiter hat. Neben natürlichen Personen, Start-Ups und mittelständischen Unternehmen zählen auch größere börsennotierte Organisationen zu ihren Mandanten.

1.1 Konzeption eines qualitativen Interviewleitfadens

Die qualitative Forschung besitzt viele verschiedene Methoden, um Daten zu ihren zu prüfenden Fragen oder Theorien erheben zu können. Sie ist geprägt durch ihre Ganzheitlichkeit, mit der sie einen Gegenstand untersucht; durch ihre Miteinbeziehung der auf den Untersuchungsgegenstand bezogenen subjektiven Perspektiven sowie durch die zusätzliche Dokumentation der Reflexionen des Forschers über seine Emotionen, Handlungen, etc.[1] Qualitative Forschung hat die Intention, den Forschungsgegenstand einer tieferen und ausführlicheren Analyse zu unterziehen. Sie setzt dabei an den Grenzen der quantitativen Forschung an und verfolgt mit dem subjektiv fokussierten Vorgehen ein Prinzip der Offenheit und der Kommunikation.[2] Eine sehr häufig verwendete Forschungsmethode stellt hier daher die Befragung bzw. das qualitative Interview dar. Die folgenden Interviewarten lassen sich in Bezug auf ihren Strukturierungsgrad voneinander unterscheiden:[3]

---

[1] Vgl. *Flick* (2006), S. 12-13.
[2] Vgl. *Flick* (1996), S. 28.
[3] Vgl. *Misoch* (2015), S. 13-14.

a) Standardisierte Interviews: Festgelegte Fragen, Antwortoptionen und Fragenreihenfolge; werden eher in der quantitativen Forschung verwendet.

b) Teilstandardisierte/Halboffene Interviews: Orientation an einem Leitfaden, welcher die relevanten Themen und Fragen vorgibt, die Reihenfolge dieser jedoch nicht.

c) Offene/Narrative Interviews: Ohne vorgegebene Fragen, Antworten oder Leitfaden; Strukturierung und Schwerpunkte wählt der Interviewte selbst.

Um in der vorliegenden Arbeit das Konstrukt Unternehmensreputation in der ba tax GmbH zu messen, wird das teilstandardisierte bzw. das auch sog. qualitative Leitfadeninterview verwendet. Der vorab erstellte Leitfaden dient zur Strukturierung und Steuerung des Gesprächs zwischen dem Interviewenden und dem Interviewten.[4] Vorbereitend auf die Erstellung des Leitfadens ist es notwendig, sich über die Breite und Tiefe des gewählten Themas zu erkundigen sowie ausreichend Fachliteratur durchzugehen.[5] Dabei dienen die in dieser Arbeit bereits vorgegebenen und von Schwaiger in seinem Modell[6] dargestellten operationalisierten Dimensionen und Indikatoren des zu messenden Konstrukts als Ausgangsbasis für die zu notierenden Fragen und thematischen Schwerpunkte und bestimmen zugleich die Qualität des Interviews und der Untersuchungsergebnisse.[7]

1.2 Das Konstrukt Unternehmensreputation

In der Literatur können sich die Forscher nicht auf eine allgemeingültige einheitliche Definition von Unternehmensreputation einigen. Bekannt ist, dass die Reputation eines Unternehmens einen relevanten immateriellen Vermögenswert darstellt.[8] Der Wortbestandteil „Reputation" lässt sich umschreiben als das Ansehen oder den guten Ruf, das ein Unternehmen oder ein Individuum bei anderen einnimmt.[9] Schwaiger postuliert, dass sich die Unternehmensreputation aus

---

[4] Vgl. *Bohnsack, Marotzki, Meuser* (Hrsg.) (2006), S. 114.
[5] Vgl. *Aeppli et al.* (2016), S. 183.
[6] Vgl. *Schwaiger* (2004), S. 46-71.
[7] Vgl. *ebd.*
[8] Vgl. *Gabler Wirtschaftslexikon* (2018).
[9] Vgl. *ebd.*

einer rationalen und einer emotionalen Komponente zusammensetzt.[10] Des Weiteren geht er davon aus, dass die Unternehmensreputation nicht ausschließlich auf objektiver, sondern vor allem auf subjektiver Wahrnehmung eines jeden Individuums beruht.[11] Die folgend beschriebene Messbarmachung des Konstrukts liegt diesen Annahmen zugrunde.

1.3 Operationalisierung des Konstrukts Unternehmensreputation

Für die Erstellung eines Interviewleitfadens ist die Operationalisierung des Konstrukts Unternehmensreputation unerlässlich. In der vorliegenden Arbeit findet hierzu das von Schwaiger erstellte Reputationsmodell Anwendung. Bei der Entwicklung dieses Modells identifiziert Schwaiger die vier Dimensionen der Verantwortung, Attraktivität, Qualität und Performance, welche als Treiber von Reputation gelten und schreibt diesen jeweils zusätzliche Indikatoren zu.[12]

Bei der ersten Dimension handelt es sich um die **Verantwortung**.[13] Ein Unternehmen wird dann als verantwortungsbewusst wahrgenommen, wenn es ein faires Wettbewerbsverhältnis aufweist, sowie nicht ausschließlich am Gewinn orientiert ist, sondern sich mit gewissen Aktivitäten auch für die Umwelt engagiert. Weiterhin zählt die gesellschaftliche Verantwortung zu den Indikatoren. Zu guter Letzt spielt auch ein offener und aufrichtiger Umgang mit Informationen innerhalb und außerhalb des Unternehmens eine Rolle, wenn es um Reputation geht.

Attraktivität[14], die zweite von Schwaiger postulierte Dimension, strahlt ein Unternehmen dann aus, wenn es als Arbeitgeber für externe potenzielle Mitarbeiter in Frage kommt. Als weiterer Indikator gilt dabei auch, ob ein Unternehmen bereits erfolgreich hoch qualifizierte Mitarbeiter vorweisen kann. Essentiell ist dabei ebenfalls das allgemeine Erscheinungsbild des Unternehmens, wie z. B. die eigene Darstellung in den Medien oder auch die physische Erscheinung in Form eines von innen und außen gepflegten modernen Firmensitzes. Dass sich die

---

[10] Vgl. *Schwaiger et al.* (2003), S. 35.
[11] Vgl. *Schwaiger* (2004), S. 49.
[12] Vgl. *Schwaiger* (2004), S. 62.
[13] Vgl. *Schwaiger* (2004), S. 46-71.
[14] Vgl. *ebd.*

Attraktivität und Unternehmensreputation gegenseitig positiv beeinflussen, zeigt auch eine Studie der FOM aus dem Jahr 2014.[15]

Die nächste Dimension ist die **Qualität**[16], die sich vor allem in den vom Unternehmen angebotenen Produkten und im Service widerspiegelt. Zudem sollte das wahrgenommene Preis-Leistungsverhältnis stimmen und ein vielfältiges Angebot verfügbar sein. Die Qualität eines Unternehmens zeigt sich besonders dann, wenn der Kunde mit seinen Bedürfnissen im Mittelpunkt steht und diese in das Unternehmen vertrauen und sich auf dessen Leistungen verlassen können. Einen hohen Stellenwert in Bezug auf die Reputation nimmt auch die Rolle der Organisation als Vorreiter in Sachen Qualität ein. Dazu gehört unter anderem, dass jegliche erbrachte Leistung respektiert wird.

Die **Performance**[17] eines Unternehmens, welche die vierte Dimension des Reputationsmodells darstellt, ist laut Schwaiger erkennbar an dessen langfristiger wirtschaftlichen Stabilität, welche nicht zuletzt durch eine gute Führung und klaren Zielsetzungen bedingt wird. Gleichermaßen indizieren der Umgang mit überschaubaren Risiken und das generelle Wachstumspotenzial die Performance eines Unternehmens und wirken sich somit auf das Ansehen aus.

1.4 Die Konzeption des Interviewleitfadens

In der qualitativen Forschung werden Interviews häufig auf Basis eines Leitfadens durchgeführt, um in einem Gespräch die notwendige Struktur und gleichzeitige Offenheit gewährleisten zu können. Die dabei verschiedenen eingesetzten Methoden sollen auch eine gewisse Steuerung des Interviews durch den Interviewenden bewirken. Die zuvor erwähnten Dimensionen und ihre Indikatoren bilden die Grundlage für die Konstruktion des Interviewleitfadens, aus denen sich die entsprechenden hauptsächlich offenen Fragen ableiten. Es werden unterschiedlichen Fragetypen und eine systematische Anordnung dieser eingesetzt, was unter anderem garantieren soll, dass alle relevanten Themen auch

---

[15] Vgl. *FOM/ifes* (2014), S. 15-16.
[16] Vgl. *Schwaiger* (2004), S. 46-71.
[17] Vgl. *ebd.*

tatsächlich angesprochen werden.[18] Ein weiterer Vorteil dieser Methode besteht darin, dass die Antwortspielräume des Interviewten durch erzählgenerierende Fragen auf diese Weise trotzdem erweitert werden und der Interviewende dank ergänzenden Vertiefungsfragen einen detaillierteren Einblick in die subjektive Wahrnehmung, Erfahrung und Intention des Befragten erfährt, als dies bspw. bei vollstrukturierten Interview-Fragebögen der Fall ist.[19] Beim leitfadengestützten Interview werden demnach vorrangig umfängliche offene Fragen gestellt, um die Abdeckung des Forschungsthemas zu erreichen. Gleichermaßen werden geschlossene Fragen höchstens zur Filterführung genutzt, um bei Bedarf konkretere Informationen zu erlangen.[20] Durch das Notieren der wichtigsten Themenschwerpunkte kann ein Abschweifen auf beiden Seiten verhindert werden und die erhobenen Daten sind gut miteinander vergleichbar.[21] Weiterhin sollten keine sog. Suggestivfragen angewendet werden, denn diese beeinflussen den Befragten, indem sie ihm eine gewisse Antwortrichtung vorgeben, was es zu vermeiden gilt.[22] Der Leitfaden enthält einen Katalog von Fragen, dessen Reihenfolge und Formulierung nicht zwingend eingehalten werden muss. Antwortmöglichkeiten werden nur für den Notfall notiert, wenn dem Befragten bspw. zu einer Frage gar nichts einfällt.[23] Ansonsten dient der Leitfaden dem Interviewendem eher als Gedächtnisstütze und soll dabei helfen, alle relevanten Themen im Blick zu behalten und den Befragten dazu zu motivieren, seine eigenen Erfahrungen und Wahrnehmungen ausführlich darzulegen. Des Weiteren ist dem Befragten damit die Möglichkeit gegeben, die Ausführlichkeit und inhaltliche Tiefe seiner Antworten selbst zu beeinflussen.[24] Die Fragen sollten dabei einfach und direkt formuliert werden und vom Sprachstil an die Situation angepasst sein, sodass dem Befragten das Beantworten so leicht wie möglich gestaltet wird.[25] Fremdwörter, Fachbegriffe und doppelte Verneinungen sind daher zu vermeiden. Für eine erfolgreiche Durchführung bedarf es außerdem eines geschulten und kompetenten

---

[18] Vgl. *Kaiser* (2014), S. 8.
[19] Vgl. *Schnell/Hill/Esser* (2011), S. 379.
[20] Vgl. *Döring/Bortz* (2016), S. 403.
[21] Vgl. *Schnell/Hill/Esser* (2011), S. 379.
[22] Vgl. *Döring/Bortz* (2016), S. 403.
[23] Vgl. *Strübing* (2013), S. 93.
[24] Vgl. *Berger-Grabner* (2016), S. 194.
[25] Vgl. *Strübing* (2013), S. 93.

Interviewers, der es versteht, einen Leitfaden mit seinen eigentlichen Funktionen angemessen anzuwenden.[26]

Im Anhang dieser Arbeit befindet sich der zu den Dimensionen und Indikatoren von Schwaigers Reputationsmodells entwickelte Interviewleitfaden. Die darin enthaltenen Primärfragen werden vom Interviewer wörtlich gestellt. Sie dienen dazu, die für den Forschungszweck relevanten Themen abzudecken.[27] Die eingerückten Sekundärfragen hingegen sind optional und können bei Bedarf gestellt werden, wenn dem Befragten zu der entsprechenden Primärfrage keine Antwort einfällt oder noch zusätzliche Informationen bzw. Einsichten benötigt werden. Der Interviewer erhält dadurch die Möglichkeit, noch detaillierter auf die einzelnen Thematiken einzugehen. Der Befragte wird des Weiteren dazu angehalten, seinen Antwortspielraum zu erweitern oder Fragen zu stellen, wenn das Ziel der primären Fragestellung nicht erreicht wurde.[28]

1.5 Auswahl der Stakeholder

Als Stakeholder (zu Deutsch: Interessens- und Anspruchsgruppen) werden unternehmensexterne oder -interne Personen oder Gruppen bezeichnet, die an den aktuellen oder zukünftigen Tätigkeiten und Entwicklungen einer Organisation interessiert bzw. direkt oder indirekt davon betroffen sind.[29] In der vorliegenden Arbeit werden drei Führungskräfte, zehn Mitarbeiter sowie sieben Mandanten unterschiedlicher Größe und Umsatzpotenzial der mittelständischen Wirtschaftsprüfungs- und Steuerberatungsgesellschaft ba tax GmbH anhand des entwickelten Leitfadens befragt. Darüber hinaus existieren noch weitere Stakeholder, wie bspw. Kapitalgeber, welche im Rahmen der Befragung jedoch nicht berücksichtigt werden.

---

[26] Vgl. *Strübing* (2013), S. 93.
[27] Vgl. *Wild* (2016), S. 60.
[28] Vgl. *ebd.*
[29] Vgl. *onpulson* (2019).

1.6 Fallauswahl (Sampling)

Durch die Auswahl einer qualitativen Stichprobe bzw. Fallauswahl (Sampling) vor der Datenerhebung soll eine möglichst breite Abdeckung verschiedenster individueller Sichtweisen und Wahrnehmungen der befragten Personen erfolgen.[30] Um dies zu erreichen, werden keine zufälligen Stichproben gezogen, sondern eine bewusste Auswahl von Befragten getroffen, die jeweils unterschiedliche forschungsrelevante Merkmale aufweisen.[31] Ein solches Vorgehen kann Verzerrungen zufälliger Stichprobenfehler, gerade bei kleineren Fallauswahlen wie in der vorliegenden Arbeit, vermeiden.[32] Es werden zehn Mitarbeiter von verschiedenen Standorten befragt, die jeweils eine unterschiedliche Vergütungsgruppe, Berufsbezeichnung und Unternehmenszugehörigkeit aufweisen. Auch die drei interviewten Führungskräfte sind jeweils anderen Bereichen zugeordnet. Von den sieben Mandanten wird jeweils die Ansprechperson, die mit der ba tax GmbH in Kontakt steht, befragt. Es handelt sich hierbei um größere und kleinere Unternehmen, bei denen jeweils verschiedene Leistungen durch die ba tax GmbH abgedeckt werden. Zusätzlich werden auch Einzelunternehmer befragt, um alle relevanten Mandantengruppen zu erfassen. Auf diese Weise wird eine größtmögliche Repräsentativität der Befragung bzw. ihrer Ergebnisse gewährleistet.

1.7 Aufbau und Durchführung des Interviews

Vor Beginn der Hauptuntersuchung empfiehlt es sich, einen sog. Pretest durchzuführen. Dabei wird anhand einer kleinen Auswahl von Personen aus den Zielgruppen der Leitfaden unter anderem auf Verständlichkeit, Komplexität, Dauer bei der Durchführung, Interesse und Aufmerksamkeit von Seiten der Befragten sowie die ausreichende Variation der Fragen überprüft und bei Unstimmigkeiten angepasst.[33] Zunächst sollten die Bedingungen des Raums, in dem das Interview stattfindet, daraufhin geprüft werden, dass die Tonqualität bei der Aufzeichnung für eine anschließende Transkription des Gesagten genügt.

---

[30] Vgl. *Kelle/Kluge* (2010), S. 41.
[31] Vgl. *ebd.*
[32] Vgl. *Kelle/Kluge* (2010), S. 42.
[33] Vgl. *Scholl* (2018), S. 204.

Das leitfadengestützte Interview gliedert sich in vier Phasen:[34]

1. Information
2. Einstieg/Aufwärmen
3. Hauptteil
4. Abschluss

Am Anfang, in der **Informationsphase**, wird der Befragte von dem Interviewenden begrüßt sowie zum Zweck, Zielsetzung und Ablauf eingewiesen und über die Transkription aufgeklärt.[35] Der Befragte muss hierfür zunächst eine Einverständniserklärung abgeben. Die Qualität der Transkription ist von hoher Bedeutung, da diese im Nachgang die Dokumentation der erhobenen Daten sichert.[36] In der **Aufwärmphase** hat der Befragte die Möglichkeit, etwas über sich selbst zu erzählen (Alter, Ausbildung, Beruf, Wohnort, etc.) und sich mit dem Interviewenden vertraut zu machen. Der Interviewer versucht im gleichen Zuge eine angenehme Gesprächsatmosphäre zu schaffen und bei Bedarf mit einer lockeren Unterhaltung zu Beginn das Eis zu brechen. In der anschließenden **Hauptteilphase** werden die Themenschwerpunkte im Detail geschildert. Nach den ersten Einführungsfragen erfolgt ein Übergang zu den relevanten Hauptfragen des Leitfadens. Zwischendurch haben beide Parteien jederzeit die Möglichkeit, unabhängig vom Leitfaden tiefer auf einzelne Themenpunkte einzugehen. Sind alle Fragen gestellt worden, kann der Befragte in der folgenden **Abschlussphase** Ergänzungen zu den Fragen äußern, die in der Hauptphase keine Erwähnung gefunden haben. Der Interviewende bedankt sich sodann für die Zeit, das Mitwirken und bietet an, die Ergebnisse nach der Auswertung einzusehen. Nach der gegenseitigen Verabschiedung ist das Interview beendet.

---

[34] Vgl. *Misoch* (2015), S. 68.
[35] Vgl. *Scholl* (2018), S. 202.
[36] Vgl. *Berger-Grabner* (2016), S. 134.

2. Gruppendiskussion: Die Fokusgruppe

Die Gruppendiskussion gehört zu den Erhebungsmethoden der qualitativen Sozialforschung. Die Fokusgruppe stellt dabei eine Form der Gruppendiskussion dar. Das Verfahren liegt an der Grenze zwischen den Erhebungs- und Partizipationsmethoden.[37] Hierbei wird eine Gruppe von in der Regel ca. sechs bis zehn Personen zu einem festgelegten Thema in einer bestimmten Zeit und mit klarer Zielsetzung befragt und von einem Moderator durch das gemeinsame Gespräch geleitet.[38] Diese Form der Erhebungsmethode bedient sich der gruppendynamischen Prozesse, welche dazu führen, dass die Teilnehmer in einem regen Austausch miteinander stehen und ihre eigenen Einstellungen und Erfahrungen zum jeweiligen Thema offen und ehrlich preisgeben.[39] Der Moderator nimmt währenddessen eine besondere Rolle ein; er soll die Diskussionsrunde aktiv steuern, die Teilnehmer durch bestimmte Stimuli zu Aussagen bewegen und motivieren, ohne dabei selbst zu sehr im Mittelpunkt zu stehen.[40] Gleichzeitig muss er das Geschehen aufmerksam beobachten, um bspw. bei Unübersichtlichkeit oder Abbruch der Selbstläufigkeit der Diskussion anregend einschreiten zu können. Daher bedarf es eines gut geschulten Moderators, der weiß, wie man mit Gruppendynamik umgeht und in einer solchen Situation richtig kommuniziert und anleitet.[41]

Für eine erfolgreiche Diskussion innerhalb der Fokusgruppe sind vor allem die Zusammensetzung und Größe wichtig. Empfohlen werden etwa sechs bis zehn Teilnehmer sowie Personen mit möglichst homogenem Wissensstand bezüglich des Themenschwerpunktes. Ihre Ansichten jedoch sollten heterogen sein, um so viele verschiedene Standpunkte wie möglich beleuchten zu können.[42] Im Vergleich zu offenen Gruppendiskussionen, die eher nicht-standardisierten narrativen Interviews gleichen, sind Fokusgruppen leitfadengestützt und basieren auf einem klaren inhaltlichen Erkenntnisinteresse. Dies ist nicht der Beitrag eines

---

[37] Vgl. *Schulz/Mack/Renn* (2012), S. 7.
[38] Vgl. *Scholl* (2018), S. 120.
[39] Vgl. *Raab/Poost/Eichhorn* (2009), S. 43.
[40] Vgl. *Scholl* (2018), S. 125.
[41] Vgl. *Kühn/Koschel* (2018), S. 3.
[42] Vgl. *Averbeck-Lietz/Meyen* (Hrsg.) (2016), S. 160.

jeden einzelnen Teilnehmers, sondern die Ergründung und das Zustandekommen des kollektiven Meinungsbildes samt allen Differenzen und ihren Lösungen.[43]

2.1 Durchführung

Der Ablauf einer Gruppendiskussion erfolgt in vier Phasen:[44]

- Einführung
- Aufwärmen
- Hauptteil
- Schluss und Verabschiedung

In der **Einführung** wird die zu besprechende Fragestellung konkretisiert und die Teilnehmer auf die folgende Diskussion vorbereitet. Es werden hier das Forschungsprojekt vorgestellt, Regeln erklärt und ggf. das Einverständnis zur Aufzeichnung des Gesprächs eingeholt. Dafür bietet es sich an, zusätzlich einen Protokollanten dazuzuholen, um die Zuordnung der Personen im Nachgang zu gewährleisten. Im Anschluss folgt die **Aufwärmphase**, in der der Moderator mit einem Stimulus, wie z. B. einem anregenden Video, Bild oder Spruch die Diskussionsrunde einleitet. Im **Hauptteil** erfolgt die eigentliche Diskussion der Teilnehmer, die durch den Moderator über Leitfragen und/oder weiteren Stimuli aktiv gesteuert wird. Dabei sollte jedoch vermieden werden, dass es zu tieferen Einzelgesprächen zwischen einzelnen Teilnehmern und dem Moderator kommt, denn hier steht die Gruppe als Ganzes im Mittelpunkt.[45] Zum **Schluss** haben Teilnehmer und Moderator die Möglichkeit, Unklarheiten oder Themen anzusprechen, die im Verlauf der Diskussion nicht geklärt werden konnten. Nach der **Verabschiedung** wird die Fokusgruppe aufgelöst und es erfolgt eine Auswertung der erhobenen Daten durch die Transkription, wobei alle personenbezogenen Informationen anonymisiert werden.[46]

---

[43] Vgl. *Averbeck-Lietz/Meyen* (Hrsg.) (2016), S. 159.
[44] Vgl. *Averbeck-Lietz/Meyen* (Hrsg.) (2016), S. 158.
[45] Vgl. *Kühn/Koschel* (2018), S. 3.
[46] Vgl. *Scholl* (2018), S. 125.

2.2 Anwendungsfelder

Die Methode der Fokusgruppe kam in den 1940er Jahren erstmals in den USA zum Einsatz und hat sich seitdem zu einem beliebten Erhebungsinstrument in der kommerziellen Markt- und Meinungsforschung, Sozialforschung sowie der gesundheitswissenschaftlichen Forschung etabliert.[47] Aufgrund ihrer Flexibilität kann sie jedoch an die jeweils relevante Forschungsfrage angepasst und somit in vielen verschiedenen Bereichen eingesetzt werden.[48] Neben ihrer alleinigen Anwendung kommen in der Praxis häufig Mischformen zum Einsatz, wie z. B. Fokusgruppen mit kleineren Teilnehmerzahlen.[49] Eine besondere Bedeutung kommt der Methode in den folgenden sozialwissenschaftlichen Schwerpunkten zu:[50]

1. Als Testverfahren, um die Wirkung medial vermittelter Inhalte (Bsp.: Werbung im Fernsehen oder auf Plakaten) zu ermitteln
2. Als Analysetool von Meinungsvielfalt, was bspw. vorrangig in der Beratung von Politikern zum Einsatz kommt
3. Als Instrument zur Analyse von Akzeptanz, um die Entscheidung vor der Einführung neuer Gesetze oder Produkte zu stützen
4. Als Instrument zur Konfliktschlichtung, um bspw. einen Konsens zwischen zwei in Konflikt stehenden Interessensgruppen zu finden
5. Als Evaluierungstool bestimmter Maßnahmen, um bspw. Verbesserungsvorschläge nach einer Veranstaltung oder einer neu eingeführten Strategie zu erarbeiten

2.3 Vor- und Nachteile im Vergleich zu qualitativen Einzelinterviews

Fokusgruppen sind in ihrer Durchführung in Bezug auf die zeitlichen, finanziellen und personellen Ressourcen deutlich weniger aufwendig als qualitative Einzelinterviews.[51] Daher kommt es nicht selten vor, dass diese Art der Datenerhebung dann vorgezogen wird, wenn auch Einzelinterviews durchgeführt werden

---

[47] Vgl. *Misoch* (2015), S. 139.
[48] Vgl. *Berger-Grabner* (2016), S. 143.
[49] Vgl. *Averbeck-Lietz/Meyen* (Hrsg.) (2016), S. 159.
[50] Vgl. *Schulz/Mack/Renn* (2012), S. 10.
[51] Vgl. *Raab/Poost/Eichhorn* (2009), S. 44.

könnten.[52] Das liegt vor allem daran, dass man bei der Diskussion mit mehreren Teilnehmern bei gleicher Zeiteinteilung und Personalaufwand eine größere Breite an Daten erheben kann. Weiterhin kann es in Fokusgruppen durch den gezielten Einsatz von Stimuli generell zu einer höheren Auskunftsbereitschaft sowie zu mehr spontanen Ideen und Sichtweisen kommen, die bei Einzelinterviews eventuell nicht zur Sprache gekommen wären.[53] Gefördert werden diese Effekte durch die sozialen Interaktionen bzw. die Gruppendynamik, welche zusätzliche Hemmungen bei den Teilnehmern lösen kann.[54] Aufgrund der Gruppengröße können zudem Interviewer- bzw. Moderatoreffekte minimiert werden, was die Verzerrung von Antworten vermeiden kann.[55] Die Befragten innerhalb einer Fokusgruppe erleben den Vorteil, dass sie sich nicht dauerhaft so aktiv am Gespräch beteiligen müssen wie bei einem Einzelinterview.[56]

Es gibt allerdings nicht nur Vorteile, sondern auch diverse Nachteile von Fokusgruppen im Vergleich zu Einzelinterviews. In einem Einzelinterview ist es dem Interviewendem möglich, noch tiefere Einblicke in die subjektiven Erfahrungen zu erhalten, was vor allem dem Zeitfaktor bzw. dem größeren Redeanteil des einzelnen Befragten geschuldet ist.[57] Dementsprechend eigenen sich sehr intime und persönliche Fragestellungen eher für Einzelinterviews. Es kann außerdem passieren, dass durch Meinungsführer in einer Fokusgruppe Verzerrungen herbeigeführt werden und ruhigere Teilnehmer eher untergehen und gar nicht zu Wort kommen. Weiterhin ist die Auswertung des Gesprächs in einer Fokusgruppe aufgrund der Personenanzahl aufwendiger. Zudem sind die Ergebnisse aus Gruppendiskussionen in der Regel weniger repräsentativ und es kann dem Forscher schwerfallen, die Relevanz der einzelnen Beiträge einzuschätzen.[58] Zu guter Letzt ist noch die hohe Qualifikation des Moderators zu beachten, die u. a. durch die steuernde Rolle innerhalb der Fokusgruppe notwendig ist.[59]

---

[52] Vgl. *Schulz/Mack/Renn* (2012), S. 12.
[53] Vgl. *Averbeck-Lietz/Meyen* (Hrsg.) (2016), S. 160.
[54] Vgl. *ebd.*
[55] Vgl. *ebd.*
[56] Vgl. *ebd.*
[57] Vgl. *Schulz/Mack/Renn* (2012), S. 13.
[58] Vgl. *Raab/Poost/Eichhorn* (2009), S. 44.
[59] Vgl. *ebd.*

3. Die qualitative Inhaltsanalyse

Die klassische Inhaltsanalyse blickt bereits auf eine hundertjährige Erfahrung und Entwicklung zurück. Sie lässt sich definieren als „eine empirische Methode zur systematischen, intersubjektiv nachvollziehbaren Beschreibung inhaltlicher und formaler Merkmale von Mitteilungen."[60] Es werden dabei einzelne Abschnitte oder Objekte des Forschungsgegenstands abstrahiert und auf relevante bzw. interessierende Merkmale reduziert und untersucht.[61] Die klassische Inhaltsanalyse findet hauptsächlich Anwendung in den Massenmedien, im sozialwissenschaftlichen Bereich sowie in der Analyse von politischer Kommunikation, kann aber aufgrund ihrer Vielfältigkeit in der Datenerhebung allgemein disziplinübergreifend verwendet werden.[62]

Es kann zwischen der qualitativen und der quantitativen Inhaltsanalyse unterschieden werden. Bis in die frühen 1950er Jahre gilt die qualitative Inhaltsanalyse noch als unwissenschaftlich, wird ab da an jedoch vermehrt als notwendige Erweiterung von Wissenschaftlern in die Forschung mit einbezogen und in der Praxis angewendet.[63] Die quantitative Inhaltsanalyse beschränkt sich auf die Auszählung von Häufigkeiten, Umfänge oder Verteilungen von Satzstrukturen des zu untersuchenden Gegenstands, während bei der qualitativen Inhaltsanalyse einzelne Texte im Rahmen der sog. Codierung und eines Kategoriensystems ausgewertet werden.[64] Sowohl Kuckartz als auch Mayring beschreiben die inhaltlich strukturierende qualitative und die evaluative qualitative Inhaltsanalyse als Hauptformen qualitativer Inhaltsanalysen,[65] deren Abläufe in den folgenden Abschnitten aufgezeigt werden.

3.1 Ablauf einer inhaltlich strukturierenden qualitativen Inhaltsanalyse

Die inhaltlich strukturierende qualitative Inhaltsanalyse stellt ein Verfahren dar, welches hauptsächlich mit Codierungen, Kategorien und Segmentierungen

---

[60] *Früh* (2015), S. 29.
[61] Vgl. *Rössler* (2017), S. 17.
[62] Vgl. *Schnell/Hill/Esser* (2011), S. 398.
[63] Vgl. *Kuckartz* (2016), S. 22.
[64] Vgl. *Rössler* (2017), S. 19.
[65] Vgl. *Schreier* (2014), 2. Kapitel, 1. Absatz.

arbeitet und in ihrem Ablauf von der Erhebung der Daten bis zur Darstellung und Interpretation der Ergebnisse alles abdeckt.[66] Folgend wird der Ablauf dieser Methode anhand einer Grafik erläutert.

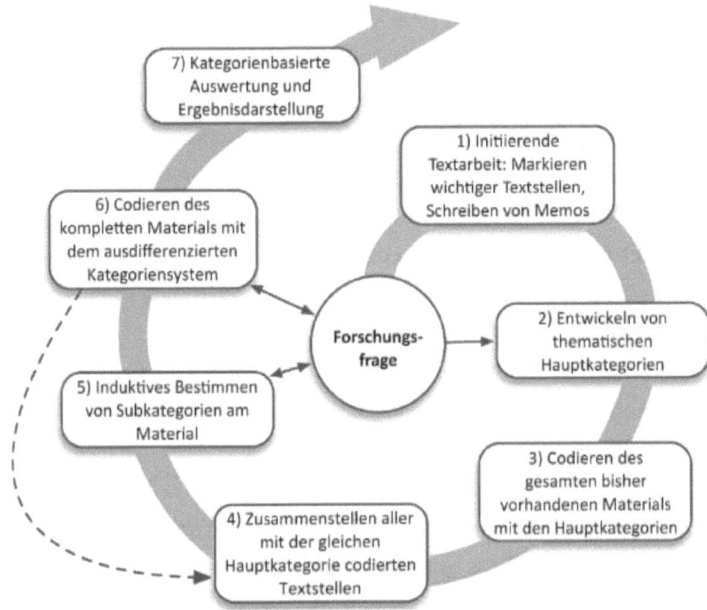

Abbildung 1:   Ablauf einer inhaltlich strukturierenden qualitativen Inhaltsanalyse
Quelle: Kuckartz, U. (2016), S. 110.

In der ersten Phase macht man sich mit den zu analysierenden Daten, in der Regel ein Text, vertraut, indem man die wichtigsten Stellen markiert und anschließend eine kurze Zusammenfassung bspw. in Form eines Memos entwirft.[67] In der zweiten Phase werden thematische Kategorien festgelegt, welche später dazu dienen sollen, ihnen Textstellen systematisch zuordnen zu können.[68] Es kann sich dabei um ein einzelnes Wort (z. B. „Wirtschaft") oder eine Kombination von Wörtern handeln (z. B. „Einstellungen zum Wirtschaftswachstum"). Laut Mayring stellt das Kategoriensystem den Mittelpunkt der Inhaltsanalyse dar.[69] Er unterscheidet zwischen der deduktiven Kategorienbildung, bei der die Kategorien

---

[66] Vgl. *Kuckartz* (2014), S. 110.
[67] Vgl. *Kuckartz* (2014), S. 111.
[68] Vgl. *ebd.*
[69] Vgl. *Mayring* (2010), S. 49.

vor der Datenanalyse definiert werden und der induktiven Kategorienbildung, bei der die Kategorien nach Sichtung des Forschungsmaterials erstellt bzw. davon abgeleitet werden.[70] Das Ziel des dritten Schritts stellt die erste Codierung von Textstellen sowie die Zuordnung dieser zu den passenden Kategorien dar. Dabei werden, bspw. zur Kategorie „Wirtschaft", alle thematisch zu dieser Kategorie passenden oder beschreibenden Antworten bzw. Textstellen identifiziert und ihr systematisch zugeordnet. Als nächstes werden alle Codierungen zu einer Hauptkategorie zusammengestellt, um einen Überblick über die thematische Breite der jeweiligen Kategorie zu erhalten. Anschließend folgt ein vertiefender, in der Regel sehr umfangreicher Codierungsprozess (Schritt 5 und 6), in dem zum Zweck der Präzisierung zusätzliche Unterkategorien erstellt und durch Codierung des gesamten Materials die Textstellen hierin eingefügt werden. Es sollte dabei darauf geachtet werden, dass, abhängig von der Länge und inhaltlichen Tiefe des Textes, nicht zu stark unterteilt wird, da dies unter Umständen bei wenig Material kaum Sinn macht, zu viele Ausprägungen zu unterscheiden.[71] Diese vertiefende inhaltliche Strukturierung des Materials dient weiteren Analyseschritten als Basis.[72] Im letzten Schritt erfolgt die Auswertung aller Kategorien und die Darstellung der Ergebnisse, die bspw. in tabellarischer Form stattfinden kann.

3.2 Ablauf einer evaluativen qualitativen Inhaltsanalyse

Die evaluative qualitative Inhaltsanalyse enthält in ihrem Ablauf die gleichen Hauptphasen wie die inhaltlich strukturierende qualitative Inhaltsanalyse, von der anfänglichen Texteinarbeitung über die Codierung bis hin zur Ergebnisauswertung und -darstellung. Unterscheiden tut sich die evaluative qualitative Inhaltsanalyse in ihrer Art der Kategorienbildung, sodass die einzelnen Phasen der Codierung bis zur Ergebnisdarstellung anders ablaufen. Das gesamte Schema wird folgend anhand einer Grafik erläutert.

---

[70] Vgl. *Mayring* (2010), S. 66.
[71] Vgl. *Kuckartz* (2016), S. 110-111.
[72] Vgl. *Kuckartz* (2014), S. 112.

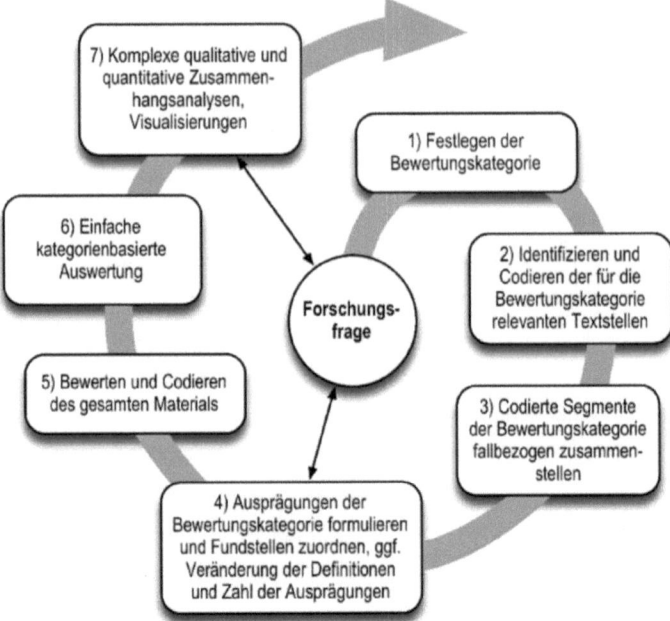

Abbildung 2:   Ablauf einer evaluativen qualitativen Inhaltsanalyse
Quelle: Kuckartz, U. (2016), S. 125.

In Abbildung 2 ist der Ablauf für eine einzelne bewertende Kategorie dargestellt, wobei die Schritte zwei bis fünf für jede weitere Bewertungskategorie durchlaufen werden müssen.[73] In der ersten Phase, der Festlegung der Bewertungskategorien, ist darauf zu achten, dass die ausgewählte Kategorie einen schlüssigen Zusammenhang zur Forschungsfrage aufweist. Allgemein sollten nur solche Kategorien gewählt werden, die für das zu erforschende Thema von Bedeutung sind, da die Bildung dieser und ihre Codierung einen hohen Aufwand darstellen.[74] Im nächsten Schritt ist es wichtig, das gesamte Material durchzuarbeiten, um daraufhin jede Textstelle zu codieren, die Informationen zu der jeweiligen Kategorie enthält. Darauffolgend werden kategorienbasierte Auswertungen durchgeführt und alle Codierungen fallbezogen zusammengestellt und in Listen oder Tabellen aufgeführt. Die Ergebnisse aus dieser Phase bilden die Grundlage für die Schritte vier und fünf. In Phase vier werden sodann die Formulierungen für die Ausprägungen der verschiedenen Bewertungskategorien erfasst, wobei zur

---

[73] Vgl. *Kuckartz* (2016), S. 124-125.
[74] Vgl. *Kuckartz* (2016), S. 126.

Differenzierung mindestens die drei folgenden Ausprägungen unterschieden werden sollten:[75]

- hohe Ausprägung
- geringe Ausprägung
- nicht zu klassifizieren (d. h., dass die Zuordnung der Ausprägung anhand der vorhandenen Informationen nicht zuverlässig möglich ist).

Wichtig ist dabei, eine ausreichende Anzahl von Textstellen durchgearbeitet zu haben. In Phase fünf wird die Bewertung und Codierung des gesamten Materials durchgeführt. Zur nachträglichen Nachvollziehbarkeit werden die dabei getroffenen Entscheidungen mithilfe von Memos dokumentiert. Im sechsten Schritt wird eine einfache kategorienbasierte Auswertung vorgenommen. Es lassen sich hier sieben verschiedene Auswertungsformen unterscheiden, die sich hinsichtlich ihrer Komplexität differenzieren und bspw. deskriptiv dargestellt werden können.[76] Im Anschluss an die Ergebnisdarstellung werden in der komplexesten, letzten siebten Phase qualitative und quantitative Analysen durchgeführt und die Zusammenhänge der verschiedenen evaluativen Kategorien untersucht sowie weitere Einzelfallinterpretationen vorgenommen.[77]

3.3 Vergleich beider Analysemethoden

Nach der Erläuterung des Ablaufs beider Analysemethoden sollen diese nun miteinander verglichen und die wichtigsten Unterscheide dargestellt werden.

Der relevanteste Unterschied ist die Art und Weise der Betrachtung des Forschungsfalls. Während die inhaltlich strukturierende qualitative Inhaltsanalyse das interessierende Material detaillierter und tiefergehender strukturiert sowie in mehr Einzelteile in Form von Subkategorien zerlegt und codiert, verfolgt die evaluative qualitative Inhaltsanalyse eher eine hermeneutisch-imperative bzw. ganzheitliche Betrachtung des Materials.[78] Bewertungen werden hier demnach auf der Ebene des gesamten Falls vorgenommen. Zusätzlich empfiehlt es sich, bei der

---

[75] Vgl. *Kuckartz* (2016), S. 127.
[76] Vgl. *Kuckartz* (2016), S. 133.
[77] Vgl. *Kuckartz* (2016), S. 134-137.
[78] Vgl. *Schreier* (2014), 2.2. Kapitel, 6. Absatz.

evaluativ qualitativen Inhaltsanalyse mit zwei codierenden Personen zu arbeiten, da die Klassifizierungen und Bewertungen weitaus höhere Anforderungen stellen.[79] Ein weiterer Unterschied findet sich in der Art der Kategorienbildung. Bei der inhaltlich strukturierenden qualitativen Inhaltsanalyse werden die Oberkategorien in der Regel auf Basis von zuvor vorhandenem Wissen gebildet, während die Subkategorien induktiv aus dem Material entstehen. Bei der evaluativ qualitativen Inhaltsanalyse hingegen werden die Oberkategorien aus dem Material und die Subkategorien aus dem Vorwissen gebildet.[80] Die inhaltlich strukturierende qualitative Inhaltsanalyse eignet sich daher vor allem dann, wenn in erster Linie Beschreibungen erarbeitet werden sollen, während die evaluativ qualitative Inhaltsanalyse eher für themenorientierte Ergebnisse genutzt werden kann.[81]

Im Mittelpunkt der evaluativ qualitativen Inhaltsanalyse steht die Einschätzung, Klassifizierung und Bewertung durch den Forschenden. Die inhaltlich strukturierende qualitative Inhaltsanalyse hingegen fokussiert sich stärker auf die Systematisierung und Analyse der wechselseitigen Zusammenhänge sowie die Herausarbeitung von Unterkategorien und Ausprägungen auf Basis des zu untersuchenden Materials.[82]

In der Praxis können die beiden Methoden nicht nur einzeln voneinander, sondern vor allem kombiniert angewendet werden. So sind gemäß Mayring beide Verfahren gut miteinander vereinbar, unter anderem aufgrund der Tatsache, dass die evaluativ qualitative Inhaltsanalyse auf der detaillierten Vorarbeit der inhaltlich strukturierenden Inhaltsanalyse aufbauen kann, um darauf basierend einzelne Forschungsbereiche evaluativ zu untersuchen.

Zusammenfassend lässt sich sagen, dass keines der Verfahren per se als das richtige oder bessere gilt. Eher ist vorab festzulegen, welches Ziel mit der Erforschung einer Frage erreicht werden soll und wie detailliert dafür vorgegangen werden muss.[83] Anhand dieser Entscheidung sollte die Auswahl der Analysemethode erfolgen.

---

[79] Vgl. *Kuckartz* (2016), S. 140-141.
[80] Vgl. *Schreier* (2014), 2.2. Kapitel, 7. Absatz.
[81] Vgl. *Kuckartz* (2016), S. 141.
[82] Vgl. *Kuckartz* (2016), S. 142.
[83] Vgl. *Kuckartz* (2016), S. 140-142.

Anlagen

Anlage 1

Interviewleitfaden zur Ermittlung der Unternehmensreputation der ba tax GmbH

1. Begrüßung und Einleitung

Sehr geehrte/r Herr/Frau _____, vielen Dank, dass Sie sich Zeit für dieses Interview nehmen.

Zu Beginn möchte ich mich kurz persönlich bei Ihnen vorstellen. Mein Name ist Isabel-Nicole Werk, ich absolviere derzeit ein Fernstudium der Wirtschaftspsychologie mit dem Schwerpunkt Personal- und Organisationspsychologie an der SRH Fernhochschule Riedlingen. Im Rahmen einer Hausarbeit beschäftige ich mich momentan mit dem Thema „Unternehmensreputation". In unserem Interview möchte ich gern Ihre subjektive Wahrnehmung und Erfahrung zu diesem Thema mit Bezug auf die ba tax GmbH erfragen. Die ba tax GmbH möchte sich in Zukunft kundenorientierter aufstellen, weshalb in diesem Zuge noch weitere Mandanten, Mitarbeiter und Führungskräfte zu diesem Thema befragt werden.

Das Interview wird ungefähr 60 bis 90 Minuten in Anspruch nehmen. Ich möchte Sie um Erlaubnis bitten, unser Gespräch aufzeichnen zu dürfen. Dies gewährleistet eine optimale Auswertung der Daten im Nachgang sowie einen besseren Gesprächsverlauf, da ich Sie zwischendurch nicht unterbrechen muss, um mir Notizen zu machen. So können wir uns beide voll und ganz auf das Thema konzentrieren. Selbstverständlich werden die hierbei erhobenen Daten bei der Auswertung anonymisiert und streng vertraulich behandelt. Sofern Sie das wünschen, kann ich Ihnen natürlich auch eine Kopie der Aufzeichnung sowie der Auswertungen nach Fertigstellung zuschicken. Wenn Sie damit einverstanden sind, würde ich Sie bitten, ein paar formale Daten Ihrerseits zu erfassen und meine Einverständniserklärung zu unterschreiben.

Im Laufe des Interviews werde ich Ihnen unterschiedliche offene Fragen stellen und möchte Sie bitten, mir alles mitzuteilen, was Ihnen zu der jeweiligen Frage einfällt und Sie für wichtig halten. Dies dient dem Zweck der umfassenden Erfassung Ihrer subjektiven Sichtweise zu den verschiedenen Themengebieten. Ich werde Sie dabei nicht unterbrechen und Ihre Antworten nicht bewerten. Haben sie dazu noch Fragen?

2. Formaler Teil

Name, Vorname: _____

Geschlecht: _____

Geburtsdatum: _____

Beginn: _____

Ende: _____

Ort, Datum: _____

3. Einführende Fragen

- Wie lange kennen Sie die ba tax GmbH schon?
- In welchem Verhältnis stehen Sie zur ba tax GmbH?

4. Fragen zur Dimension Verantwortung

- Wie beurteilen Sie den Umgang der ba tax GmbH mit ihren Wettbewerbern?
  - o Wird eher positiv oder negativ über Wettbewerber gesprochen?
  - o Konnten Sie hier bereits persönliche Erfahrungen sammeln?
- Wie schätzen Sie den Profitgedanken der ba tax GmbH ein?
  - o Versucht die ba tax GmbH mit allen Mitteln, ihren Profit zu maximieren?
- Welche gesellschaftliche Verantwortung übernimmt die ba tax GmbH?
  - o Sind Ihnen Maßnahmen der ba tax GmbH bekannt, die das gesetzliche Mindestmaß an Vorgaben überschreiten?
  - o Könnte die ba tax GmbH mehr Verantwortung übernehmen?
- Welchen positiven Beitrag leistet die ba tax GmbH für die Umwelt?
  - o Sind Ihnen besondere Beispiele oder Maßnahmen bekannt?

- o Was könnte die ba tax GmbH dahingehend verbessern?
- Wie, wann und in welcher Form (wenn überhaupt) erhalten Sie Informationen der ba tax GmbH über Neuigkeiten und Veränderungen?

5. Fragen zur Dimension Attraktivität

- Wie empfinden Sie die Qualifikation der Mitarbeiter der ba tax GmbH?
  - o Empfinden Sie die Mitarbeiter als fachlich kompetent?
  - o Werden Ihre Anfragen zeitnah und zufriedenstellend bearbeitet?
  - o Welche Weiterbildungsmaßnahmen werden angeboten, um eine ausreichende Qualifikation aufrecht zu erhalten und sicherzustellen?
- Halten Sie die ba tax GmbH für einen attraktiven Arbeitgeber?
  - o Könnten Sie sich vorstellen, für die ba tax GmbH zu arbeiten? Mit welcher Begründung?
- Wie würden Sie das äußere Erscheinungsbild der ba tax GmbH beschreiben?
  - o Hat es einen positiven oder negativen Eindruck auf Sie?

6. Fragen zur Dimension Qualität

- Wie würden Sie die Qualität der von der ba tax GmbH angebotenen Produkte bzw. Services beurteilen?
  - o Wie sind Ihre Erfahrungen mit der Qualität der bearbeiteten Anfragen, der Freundlichkeit der Mitarbeiter sowie ihre Erreichbarkeit und Bearbeitungsdauer?
- Finden Sie das Preis-Leistungsverhältnis der von der ba tax GmbH angebotenen Produkte bzw. Services fair und angemessen?
- Welchen Eindruck haben Sie von dem Serviceangebot der ba tax GmbH?
  - o Ist der Umfang des Angebots zufriedenstellend?
  - o Welche zusätzlichen Services würden Sie sich wünschen?
- Welche Erfahrungen haben Sie bei der Berücksichtigung der persönlichen Kundenwünsche und -bedürfnisse sammeln können?
  - o Haben Sie das Gefühl, dass der Kundenwunsch und die -zufriedenheit im Mittelpunkt stehen?

- Würden Sie die ba tax GmbH als verlässlichen Partner einschätzen? Bitte begründen Sie Ihre Antwort.
- Würden Sie die ba tax GmbH als vertrauenswürdiges Unternehmen einschätzen? Bitte begründen Sie Ihre Antwort.
- Wie würden Sie den Umgang mit erbrachten Leistungen der ba tax GmbH beurteilen?
  - Werden erbrachte Leistungen angemessen honoriert?
- Sehen Sie die ba tax GmbH in ihrer Branche eher als Vorreiter oder als Mitläufer? Bitte begründen Sie Ihre Antwort.
  - Können Sie Leistungen (intern oder extern) nennen, die die ba tax GmbH anbietet, welche von keinem Wettbewerber sonst angeboten werden?
  - Würden Sie bestimmte Leistungen als innovativ bezeichnen?
  - Positioniert sich die ba tax GmbH mit bestimmten Leistungen innerhalb ihrer Branche?

7. Fragen zur Dimension Performance

- Wie nehmen Sie die Führung der ba tax GmbH wahr?
  - Können Sie den Führungsstil mit Adjektiven beschreiben? Zum Beispiel: professionell, distanziert, emotional, transparent, ehrlich, autoritär, hierarchisch, kooperativ, etc.
- Wie beurteilen Sie die wirtschaftliche Stabilität der ba tax GmbH?
  - Glauben Sie, dass das Unternehmen in 10 Jahren noch bestehen wird?
- Sehen Sie Risiken, welche eine Herausforderung für die ba tax GmbH darstellen könnten?
- Wie schätzen Sie das Wachstumspotenzial der ba tax GmbH ein? Bitte begründen Sie Ihre Antwort.
  - Wie wird sich das Unternehmen in den nächsten 5 Jahren entwickeln?
  - Wird das Unternehmen in Zukunft tendenziell schrumpfen oder wachsen?
- Welche Zielvorstellungen verfolgt die ba tax GmbH Ihrer Einschätzung nach?
  - Kennen Sie die Visionen und Ziele des Unternehmens für die kurz-, mittel- und langfristige Zukunft?

8. Schluss

Wir sind nun mit allen Fragen durch und befinden uns am Ende des Interviews. Sind von Ihrer Seite aus noch Fragen, Unklarheiten oder Anmerkungen da oder gibt es etwas, das noch nicht zur Sprache gekommen ist und Sie noch anführen möchten?

Ich bedanke mich recht herzlich für das offene Gespräch und Ihre Zeit für das Interview!

9. Einverständniserklärung

Hiermit erkläre ich, _____, mich damit einverstanden, dass das mit mir geführte Interview am _____ von Frau Werk auf Tonband aufgezeichnet werden darf. Ich stimme zu, dass das Gespräch für die damit verbundenen Forschungszwecke niedergeschrieben und verwendet werden darf. Mir wurde zugesichert, dass alle persönlichen Daten sowie Rückschlüsse auf meine Person vertraulich behandelt und vor der Veröffentlichung anonymisiert werden.

_____   _____

Ort, Datum   Unterschrift

Literaturverzeichnis

Aeppli, J./Gasser, L./Gutzwiller, E./Tettenborn, A. (2016), Empirisches wissenschaftliches Arbeiten. Ein Studienbuch für die Bildungswissenschaften, 4. Aufl., Bad Heilbrunn.

Averbeck-Lietz, S./Meyen, M. (Hrsg.) (2016), Handbuch nicht standardisierter Methoden in der Kommunikationswissenschaft, Wiesbaden.

Berger-Grabner, D. (2016), Wissenschaftliches Arbeiten in den Wirtschafts- und Sozialwissenschaften. Hilfreiche Tipps und praktische Beispiele, 3. Aufl., Wiesbaden.

Bohnsack, R./Marotzki, W./Meuser, M. (Hrsg.) (2006), Hauptbegriffe Qualitativer Sozialforschung, 2. Aufl., Ulm.

Döring, N./Bortz, J. (2016), Forschungsmethoden und Evaluation in den Sozial- und Humanwissenschaften, 5. Aufl., Berlin/Heidelberg.

Flick, U. (2006), Qualitative Sozialforschung – Eine Einführung, 7. Aufl., Reinbek bei Hamburg.

Flick, U. (1996), Qualitative Forschung. Theorie, Methoden, Anwendung in Psychologie und Sozialwissenschaften, Reinbek bei Hamburg.

Früh, W. (2015), Inhaltsanalyse, 8. Aufl., München.

Kaiser, R. (2014), Qualitative Experteninterviews. Konzeptionelle Grundlagen und praktische Durchführung, Wiesbaden.

Kelle, U./Kluge, S. (2010), Vom Einzelfall zum Typus. Fallvergleich und Fallkontrastierung in der qualitativen Sozialforschung, 2. Aufl., Wiesbaden.

Kuckartz, U. (2016), Qualitative Inhaltsanalyse. Methoden, Praxis, Computerunterstützung, 3. Aufl., Basel.

Kuckartz, U. (2014), Mixed Methods. Methodologie, Forschungsdesigns und Analyseverfahren, Wiesbaden.

Kühn, T./Koschel, K.-V. (2018), Einführung in die Moderation von Gruppendiskussionen, Wiesbaden.

Mayring, P. (2010), Qualitative Inhaltsanalyse. Grundlagen und Techniken, 11. Aufl., Weinheim/Basel.

Misoch, S. (2015), Qualitative Interviews. Berlin/München/Boston.

Raab, A. E./Poost, A./Eichhorn, S. (2009), Marketingforschung: Ein praxisorientierter Leitfaden, Stuttgart.

Rössler, P. (2017), Inhaltsanalyse, 3. Aufl., Konstanz/München.

Schnell, R./Hill, P. B./Esser, E. (2011), Methoden der empirischen Sozialforschung, 9. Aufl., München.

Scholl, A. (2018), Die Befragung, 4. Aufl., Konstanz/München.

Schreier, M. (2014), Varianten qualitativer Inhaltsanalyse: Ein Wegweiser im Dickicht der Begrifflichkeiten, In: Forum Qualitative Sozialforschung, Volume 15, No. 1, Art. 18.

Schulz, M./Mack, B./Renn, O. (Hrsg.) (2012), Fokusgruppen in der empirischen Sozialwissenschaft. Von der Konzeption bis zur Auswertung, Wiesbaden.

Schwaiger, M. (2004), Components and Parameters of Corporate Reputation – an Empirical Study. In: Schmalenbach Business Review, Vol. 56 (Januar) 2004, S. 46-71.

Schwaiger, M./Högl, S./Hupp, O. (2003), Wie die Potenziale der Unternehmensmarke auszuschöpfen sind. In: Absatzwirtschaft, 46. Jg. No. 12, S. 34-39.

Strübing, J. (2013), Qualitative Sozialforschung. Eine komprimierte Einführung für Studierende, München.

Wild, A. (2016), Das strategische Kompetenzmanagement als ein wesentlicher Bestandteil der Employability. Dargestellt am Beispiel eines ICT-Dienstleisters, München.

Internetquellen

FOM/ifes (2014), Messung der Arbeitgeberattraktivität: Eine empirische Studie. In: http://www.fom.de/fileadmin/fom/institute/ifes/140130_Ergebnisse_Arbeitgeberattraktivitaet.pdf, abgerufen am 02.10.2019.

Gabler Wirtschaftslexikon (2018). In: https://wirtschaftslexikon.gabler.de/definition/reputation-43008/version-266345, abgerufen am 01.10.2019.

onpulson (2019). In: https://www.onpulson.de/lexikon/stakeholder/, abgerufen am 03.10.2019.

BEI GRIN MACHT SICH IHR WISSEN BEZAHLT

- Wir veröffentlichen Ihre Hausarbeit,
  Bachelor- und Masterarbeit

- Ihr eigenes eBook und Buch -
  weltweit in allen wichtigen Shops

- Verdienen Sie an jedem Verkauf

Jetzt bei www.GRIN.com hochladen
und kostenlos publizieren